いいことだけを引き寄せる

結界のはり方

エネルギーのバリアで、お金も愛も手に入る

スピリチュアルセラピスト
心のブロック専門家

碇のりこ

フォレスト出版

はじめに

引き寄せられないと思っている人ほど、引き寄せ上手

はじめまして、碇のりこです。

20年間、潜在意識を学び、なぜ望んだとおりの引き寄せが起こる人と望んでいない引き寄せが起こる人がいるのか、という研究をずっと行ってきました。

引き寄せの法則は、日本でもブームになり、スピリチュアルが好きな人だけでなく、ビジネスパーソンから主婦まで、多くの人が知っているものになりました。

しかし、引き寄せの法則を実践してみたものの、「うまくいかない」「願ったことが引き寄せられない」という方は少なくないかもしれません。

「引き寄せの法則を実践したけどうまくいかない」
「色々と勉強したけど、なかなかうまくいかない」
「運のいいことが、なかなか起こらない」

実際、私のクライアント様にも、そんな方が多くいらっしゃいます。

詳しくは第1章以降にゆずりますが、**実は「引き寄せられない」「ネガティブなことばかりが起こる」という方も、引き寄せはうまくいっているの**です。

むしろ、どんどん引き寄せている、ある意味「引き寄せの法則の成功者」かもしれません。

なぜなら、**「ネガティブなことばかりを上手に引き寄せているから」**です。

引き寄せの法則は、数ある宇宙の法則の一つで、「すべての人だけでなく、あらゆる物事が自然と行われている法則」です。

ですから、みなさんが「望む・望まない」にかかわらず、また「難しい・難しくない」「できる・できない」という次元でもなく、自然と「起こっている」ことなのです。

つまり、多くの人が「引き寄せられない」「うまくいかない」と感じているのは正しくありません。

問題はそこではないのです。

引き寄せられないと悩んでいる人の本当の願いは、

「イヤなことを引き寄せずに、いいことだけ引き寄せたい」


ということだと思います。

あなたが起こしたい引き寄せは、「いいことだけ」ですよね。

運のいいことばかりを引き寄せたい
お金を引き寄せたい
運命のパートナーと出逢いたい
もっと愛されるようになりたい

ビジネスのチャンスを手に入れたい
自分のやりたいことで、成功を手に入れたい

本書では「ネガティブなもの、望んでいないことは引き寄せないで、いいことだけを引き寄せるメソッド」をご紹介します。

そのキーワードが「結界」です。

いいことだけを引き寄せる「結界」とは？

あなたは「結界」と聞いて、何を想像されるでしょうか。


結界とは、エネルギーのバリアのようなもの。

オカルティックなもので、縁遠い世界の話と思われるかもしれませんね。

しかし、結界というのは、実は気づいていないだけで私たちの身近にもあり、昔から慣れ親しんだものなのです。

日本における代表的な結界は、神社にある鳥居でしょう。

鳥居は神様の領域と、私たち人間の領域との区切りであり、境目です。しっかりと結界がはられていることで、「邪気」と呼ばれるネガティブなエネルギーなどが入ってこないようになっています。

このような結界は、実は自分一人でカンタンにはることができるのです。

引き寄せの法則は、自然と起こる宇宙の法則ですが、エネルギーの結界をはることで、意識的に悪いものを引き寄せないことができます。

そして、結界は悪いものを入れないだけでなく、いいことを引き寄せるパワースポットにもなるのです。

本書では、

思考でつくる結界のはり方
言葉でつくる結界のはり方
潜在意識でつくる結界のはり方

塩や石を使った結界のはり方
人間関係の結界のはり方
結界を強化する浄化の習慣
結界内をパワースポットに変える方法

など、たくさんの結界のはり方、結界を強化する方法、いいことだけを引き寄せる方法をご紹介していきます。

どれもカンタンかつ、日々の習慣に取り入れられるものばかりです。

自然とエネルギーが高まり、どんどんいいことだけを引き寄せられるようになるはずです。ぜひ実践してみてください。

本書を読むことで、みなさんの毎日が豊かになれば、著者としてこれほどうれしいことはありません。

豊かで幸せな人生をぜひ叶えてくださいね。

碇のりこ

はじめに　002

第1章 「引き寄せられない人」の9割が勘違いしていること

第3章 結界を強化する小さな習慣

第4章 結界内をパワースポットに変える方法

第5章 人間関係が変わる結界のはり方

第6章 いいことだけを引き寄せるコツ

ブックデザイン／小口翔平＋三森健太＋岩永香穂（tobufune）
イラスト／achaca
DTP／野中賢（システムタンク）
編集協力／金子めぐみ
プロデュース／鹿野哲平

第1章

「引き寄せられない人」の9割が勘違いしていること

1-1

多くの人が勘違いしている「引き寄せの法則」のウラ

潜在意識と引き寄せの関係

ここ数年、「引き寄せの法則」については、たくさんの情報があふれていて、ブームといってもいいくらいですよね。

この本を手にとってくださったあなたも、「引き寄せ」について学んでいるかもしれません。

では、そうして学んでいる人たちは次々と「引き寄せ」を起こして願いを叶え、幸せになっていると思いますか？

あなたはどうでしょうか？

実際には、「引き寄せ」を期待どおりに起こしている人は少ないかもしれません。

その理由は多くの人に「ある思い違い」があるからです。

「引き寄せ」に対するよくある思い違いは、「欲しいものや、なりたい状況をイメージすればそれらが引き寄せられる」というものです。

つまり、「願ったことが叶う」ということになりますよね。

けれど現実を見てみると、

「一生懸命イメージしても、ぜんぜん願いは叶っていない……」

と言う人がたくさんいます。


実はこの「叶っていない……」ということ自体が、勘違いなのです。

願いが叶っていないという状況は「引き寄せが起こっていない」のではなく、ちゃんと「潜在意識にあるもの」が「引き寄せられている」のです。

わかりやすくいうと、「願ったことが叶う」のではなく、「潜在意識にあるものが現実になる」ということ。

無意識に心で思っていることが引き寄せられて現実になる、それが本当の「引き寄せの法則」なのです。

「願い」や「願望」はあっても、頭の中にあるだけで、心の奥深くにある潜在意識にまでは届いていないことが多いんです。

そして、本当に「潜在意識の中にあるもの」が引き寄せられていくんですね。

つまり、「引き寄せの法則」はちゃんと起こっています。

潜在意識にネガティブなものがあれば、それを引き寄せてしまっているということです。

ですから、**自分の願いを叶えるには、潜在意識を味方にすることがとても大事**になります。

「引き寄せの法則」の秘密

頭（顕在意識）で「欲しい」と思っていても、潜在意識に「いらない」「不安」「恐れ」があると、そちらを引き寄せてしまう。

顕在意識にあるものではなく、
潜在意識にあるものを引き寄せる

1-2

なぜ悪いことばかり引き寄せてしまうのか？

心を守るはずのブロックが、行動や思考を制限する

なぜ、ネガティブなことばかり引き寄せてしまうのか？

先ほどお話ししたように、願望は頭で考えたことではなく、潜在意識にあることが引き寄せられます。

「もっとお金が欲しい」「運命の人に出会いたい」と頭で考えてお願いをしても、潜在意識に「お金は汚いもの」「お金がたくさんあると逆に不幸になる」「自分に魅力がないからいい出会いなんてあるはずない」と深くインプットされていると、それが現実になってしまいます。

ではどうすれば、潜在意識に願望を届けられるでしょうか?

大事なのは、潜在意識にあるネガティブを解放してあげることです。

潜在意識がネガティブになっている要因は「心のブロック」にあります。

「心のブロックって何?」

という方のために、少しお話ししますね。

心のブロックは「自分の心を守るため」に「潜在意識」に自分では気づかないうちにできてしまいます。現実に起きた出来事から自分の心を守るバリアのようなものだと考えていただければいいでしょう。

例えば、心のブロックはこんなときにできてしまいます。

・ガマンできないほどの悲しみ、苦しみ

←

感情にフタをして感じなくしてしまう

・しかられたくない、怒られたくないなどの恐怖心

←

しかられない、怒られないための行動をする

・嫌われたくない、愛されたいという思い

←

自分はガマンしてでも、相手の思いを叶えようと行動してしまう

こうしたブロックの多くは、子どもの頃につくられます。

それが、大人になると「生きづらい」「前に進めない」「行動できない」のように、自分を苦しめてしまう形であらわれてきます。

そして、できてしまったブロックは、大人になった今の自分にある本当の願いよりも強いことが多いのです。

心のブロックについては『「こころのブロック」解放のすべて』（Clover出版）に書いていますので、興味のある方はぜひ読んでみてくださいね。

悪いことばかり引き寄せてしまう理由

心のブロックができると、行動や考え方に制限がかかり、本当にやりたいこと、手に入れたいものを手に入れられなくなる。

心のブロックが潜在意識に影響を与えているから！

心のブロックがあるとどうして願望が叶いにくいか、少し詳しく説明しますね。

例えば、マンガやイラストを描くことが大好きで、それを仕事にしたいと願っている女性がいるとします。

絵を描くのがとても上手なのに、「私にはムリかもしれない……」という気持ちがすぐに浮かんでしまいます。

このとき、彼女には「マンガは役に立たない」とか「絵を描くよりも勉強のほうが大切」などという思い込み、つまりブロックがあると考えられます。

小さい子どもの頃は、親がいないと生きていけませんよね。そんな時期に親から、

「マンガばかり描いていないで、勉強しなさい！」

「マンガなんて描いても役に立たないよ！」

と強く怒られたりすると、子どもは親から嫌われたくないために潜在意識の中に、

「マンガより勉強のほうが大切」

「マンガは役に立たない」

という思い込みができてしまうのです。

そうなってしまうと、「マンガ家になりたい」「イラストレーターになりたい」と頭では思っていても、心では、

「やりたいことが仕事になるはずがない……」

「生活のためには今の仕事をしないといけない……」


と信じ込んでしまいます。

心のブロックは潜在意識にあるため、そちらのほうが強く、「やりたいことをしても仕事にならない状態」を自分でつくり上げてしまうのです。

こうした心のブロックは、無意識につくられ、潜在意識に深く刻み込まれます。そのため、自分で気づくのは難しいかもしれません。

けれど、このブロックに気づいてうまく解放することができれば、今の本当の願望が潜在意識に届き、すんなりと願いが叶うようになっていくのです。

1-3 運の悪い人ほど、ネガティブの引き寄せ上手

人はネガティブなものごとにフォーカスする

引き寄せができないと思っている人の多くは、自分には良いことが起こらず、ネガティブな出来事ばかり起こるので、引き寄せができないと思っています。

しかし、「引き寄せの法則」というのは、良いことも悪いことも起こるのです。

ではなぜ、ネガティブなことが起こるかというと、これは先ほどもお伝えしたとおり、**「潜在意識がネガティブになっているから」**なんですね。

ここで知っておいてほしいのは、**人はポジティブなものごとよりも、ネガティブなものごとにフォーカスしやすい**ということです。

潜在意識は、命を守るために、「注意しなくてはいけないこと」「危ないこと」などのほうにフォーカスします。

例えば、どれだけ気分良く一日を過ごしていても、夜に上司やダンナ様から一言でも怒られたり、嫌みを言われたりしただけでも、楽しかった気分が台無しになったりしますよね。

人は嬉しかったことよりも、イヤだったこと、怒りや不満に心を支配されてしまう傾向にあるのです。

ですから、ありのままの自分でいれば、潜在意識も自然とネガティブにフォーカスしてしまいます。そうなると、ネガティブな低い波動になり、同じ波動である「ネガティブなもの」を引き寄せてしまうのです。

もちろん、誰だって悪いことになんてフォーカスしたくないはずです。

しかし、潜在意識は「良い」「悪い」の判断をしてくれないんですね。

ただその人が潜在意識で思っていることを、そのまま引き寄せてしまうのです。

それではどうすれば、潜在意識で思うことを良いものに変え、あなたの望んでいるものを引き寄せられるでしょうか？

そのためのキーワードが「**結界**」です。

この本では、潜在意識をクリアにして、良いものだけを引き寄せ、ネガティブを引き寄せない「結界のはり方」をお伝えしていきますね。

1-4 いらないものを引き寄せない力

結界とは？

気持ちの落ち込むような出来事、仕事上のトラブルや人間関係のトラブル……。
こんなネガティブなものは引き寄せたくないですよね。
そのための方法が、「結界をはること」です。
ここからは少し結界についてお話ししていきます。

結界とは、目に見えないバリアのようなものです。キレイなところとキレイじゃないところ、自分のスペースと他人のスペースのように、目に見えない空間にある区切りを指しています。

結界というと、おどろおどろしい印象があるかもしれません。宗教的なものだったり、儀式的なものだったりをイメージする方もいらっしゃるかと思います。

でも私たちが結界と意識していないだけで、実は身近にあるものです。

いちばんわかりやすいのが神社の鳥居ですね。

鳥居をくぐると背筋が伸びるような感じ、空気が変わる感覚を覚える人も多いでしょう。鳥居は、神様の領域と私たち人間の世界との区切りそのものです。

また、茶道の世界でも、関守石《せきもりいし》や留め石と呼ばれる縄で結わえた石を置き、結界をつくるとされています。

ほかにもいろいろありますが、結界というのは、人間が昔から意識的に行ってきた**「空間や領域を守る方法」**なのです。

私がこの本でお伝えする結界は、よりパーソナルで、一人ひとりが日常的に使えるものをご紹介していきます。

お札などを使う方法だけではなく、浄化のやり方、波動（エネルギー）、言葉の使い方、潜在意識のあり方、モノの選び方など、広い意味での結界のはり方があります。
「結界をはる」というと、ちょっとオカルト寄りの印象になってしまうのが残念です。
私だって、おどろおどろしいものは苦手です（笑）。

次章からお伝えしていく結界は、私たちができる小さな習慣によってつくる「エネルギーのバリア」のようなイメージです。

結界をはることのメリットは、

「自分の外側にあるネガティブなエネルギーを自分の領域内に入れなくする」

ことです。

結界をはることで、いらないもの、望んでいないもの、邪気、苦手な人など、ネガティブなものから心と体を守り、すべてを引き寄せないようにすることができるのです。

体にとっての結界

では、体を守る結界について考えてみましょう。

あなたが住んでいるところをイメージしてみてください。

外出先から戻って家の中に入り、ドアと鍵を閉めるとほっと安心した気持ちになりますよね。

これは、自宅が外界との結界になって、私たちの体を守っているからです。体の安全が確認できるために人はほっとするのです。

私たちは外の世界にいると、気づかないネガティブエネルギーをたくさん受けている状態です。


「なんだか肩が重い……」

「疲れがとれない……」


ネガティブなエネルギーはこんなふうに私たちの体にも影響してしまうのです。

けれど、いったんお家に入ってしまえば、そうしたネガティブがあなたに影響を与えることはできなくなります。

そうした快適な空間があるのは、お家が結界となって私たちの体を守ってくれるためなんですね。

心にとっての結界

それでは、心にとっての結界についてはどうでしょうか。

心の結界とは、決して心を開かないということではありません。

心を守っていくということです。

私たちの体と一緒で、心もいつの間にか疲れています。やはり、気づかないうちに人の念や恨み、ねたみという邪気を受けています。

そして、いろんな情報を受け取りすぎていたり、人の言葉にいちいちとらわれたりして、傷ついたり悲しんだり、怒ってみたり、このようなエネルギーによってたくさん影響を受けています。

結界をはることで、そういったものの悪い影響を受けなくなります。心の状態をいい状態にすることが、いいことだけを引き寄せるためには大事になります。

体と心の両方をネガティブなものから守ってくれるのが結界のパワーなのです。

1-5 結界の中の空間をキレイにしよう

浄化というメンテナンスが大切

結界のはり方をお伝えする前に、結界をはったあとのことをお話ししておきますね。

結界をはることで、ネガティブなエネルギーは、カンタンには結界の中に入り込めなくなります。

しかし、**つねに結界の中が浄化されていないと、そのパワーは弱まり、良いものを引き寄せることができなくなってしまいます。**

これからお話ししていく結界は、「すべてをシャットアウトする見えない壁」のようなものではありません。

悪いエネルギーをストップしつつ、高い波動や良いエネルギーだけを引き寄せるものです。そうでなければ、良いエネルギーやパワーを引き寄せることもできなくなってしまいますよね。

そして結界は、一度はったら永久に守ってもらえるというものではありません。

大事なのは日々メンテナンスをすること。

結界をキープし続けるためには、つねに浄化し、波動を上げておくことが大切なのです。

結界をはり、いつも浄化をしておくことで、ネガティブなものを引き寄せず、心から望むモノや、ポジティブなエネルギー、パワーなどを引き寄せることができるようになっていくのです。

第 2 章

いいことだけを引き寄せる「結界」のはり方

2-1

エネルギーのルール

エネルギーは小さな波

結界をはるために、重要なのが「エネルギー(波動)」です。

この目には見えないエネルギーは、気功では「気」、ヨガでは「プラーナ」、ハワイでは「マナ」などと呼ばれています。

では、そのエネルギーとはどのようなものなのでしょうか。

私たちの体も、お部屋の中にあるテーブルやイスも、木や花のような植物も、小さく小さく分解していくと、すべて同じ「素粒子」という物質になります。

そして、その小さな物体はつねに揺れています。振動しているのですね。

なかなかピンとこない話かもしれませんが、その小さな小さな「素粒子」が揺れていることで波動が生まれています。

そして、同じ波動を持ったものが引き寄せ合っているんですね。

この波動のエネルギーのルールがあります。

・人やモノ、空間などあらゆるものには波動のエネルギーがある

・波動には、「高い波動」と「低い波動」がある

・低い波動は、同じように低い波動のものを引き寄せる

・高い波動は、同じように高い波動のものを引き寄せる

・波動はまわりのエネルギーに影響を受け、高くなったり、低くなったりする

ざっくりいえば、このような原則があります。

この本でつくる結界は、ネガティブな低い波動は入ってこないようにして、高い波動だけが入ってくるようにするものです。

エネルギーの違いこそが結界になります。

例えば、お金やチャンスがやってこない、運命の人が現れないというのは、低い波動が、低い波動だけを引き寄せている状態です。

そこで結界をつくることで、あなたの波動は高くなり、低いものを寄せつけなくなります。

こうすることで、自然とあなたの心と体は守られ、潜在意識にもいい影響を与えることができるようになるのです。

そのための具体的な方法を、これからお伝えしていきますね。

2-2 ポジティブでいることは結界になる

潜在意識からポジティブに変える方法

自分がつねにポジティブでいることで、結界をはることができます。

ポジティブという言葉も、人によって受けとめ方に違いがありますよね。

私がここでいう「ポジティブ」というのは、ムリにポジティブになるということではありません。

ネガティブをムリにポジティブにしたところで、潜在意識はネガティブなままです。

もしネガティブなときは、きちんとそのネガティブを解放していきましょう（「自分の心と対話する方法」P60参照）。

大切なのは、潜在意識からポジティブでいることです。

潜在意識からポジティブでいることは、「あなたの波動が上がっている状態でいる」ということです。

先ほど、良いエネルギー、パワーを引き寄せるために波動を上げておくというお話をしました。

この**「波動を上げる」ことが、ひとつの結界をはる方法**になります。

波動の低いものと共鳴しないように自分を高い波動にしておくことで、ネガティブなものは引き寄せられないのです。

それではどうすれば、波動を上げることができるのでしょうか。

- **波動の高い人、憧れの人に近づいてみる**
- **波動のいい持ち物を持つ**
- **いい空気や清流のようなキレイな水など、エネルギーの高いものに触れる**
- **ネガティブなことばかり言う人ではなく、ポジティブな思考や口ぐせの人とつきあう**

波動のルール

・波動が高まると、同じく高い波動のものを引き寄せる
・波動が低くなると、邪気やネガティブなエネルギーのもの、人を引き寄せてしまう
・潜在意識からポジティブになることでも結界になる

「波動を高くするだけ」で
引き寄せるものが変わる

・波動の低い場所や人のところに行かない

などの方法があります。

このあとご紹介する結界のはり方をやってもらえれば、自然と波動は上がっていきますので、ぜひ読み進めてみてください。

潜在意識からポジティブになることができるはずです。

2-3 言葉で結界をつくる

言葉の波動を使った「引き寄せ」

私たちがいつも口にする言葉でも結界はつくることができます。

日頃からポジティブな言葉をよく口にする人は、言葉による結界ができていますし、その言葉のパワーに守られています。

言葉による結界にはとてもパワーがあるので、ぜひ心がけておいてくださいね。


あなたが意識して良い言葉だけを選んで話すようになると、その言葉と同じ波動を持つポジティブなエネルギーやパワー、人がどんどん引き寄せられます。

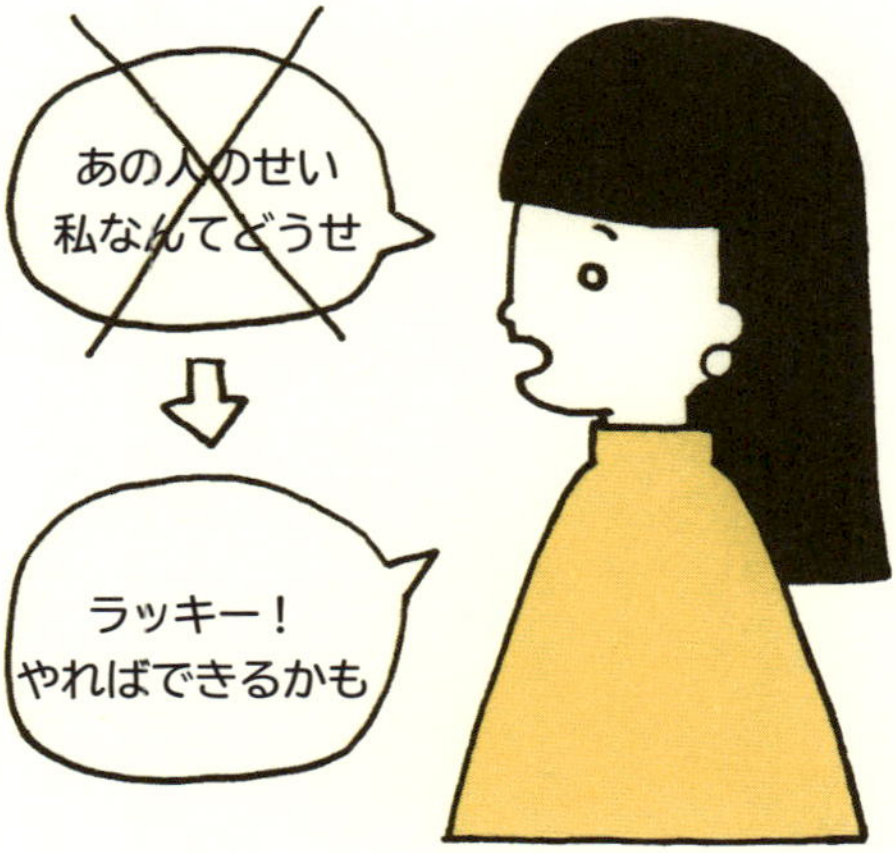

いつも、

「あの人のせい」

「あの人はずるい」

「ムカつく」

「私なんてどうせ……」

「ついてない」

「やってらんない」

といった波動の低い言葉を口にしていると、必ず同じような波動のネガティブな人や出来事を引き寄せてしまうんですね。

ですから、

「きっと大丈夫！」

「ラッキー！」

「やればできるかも」

といったポジティブな言葉を意識して口に出してみてください。意識的に口に出すことをくり返していると、それが潜在意識にも定着していきます。

そうすると、本当にラッキーな出来事を引き寄せるようになっていきます。

無意識のうちに口にしている言葉は潜在意識にある言葉なので、もし「口ぐせ」がネガティブな言葉になっているなら、今すぐ意識してみてくださいね。

口ぐせを変える練習法

それでは、効果抜群の「**運を上げてしまう方法**」をお伝えします。

いつでもポジティブでいられればいいのですが、どうしてもネガティブな気持ちが出てきてしまうときもありますよね。

「どうせ私なんて……」と思ってしまうようなときには、**ネガティブをポジティブに変換してしまう言葉**を使いましょう。

「どうせ私なんて、運が上がっちゃう」

と口にしてみてください。そのほかにも、

「どうせ私なんて、お金が入ってきちゃう」
「どうせ私なんて、幸せになっちゃう」
「どうせ私なんて、うまくいっちゃう」

こんなふうに口ぐせを変えてみるのです。さらにオススメなのが、

「どうせ私なんて、愛されちゃう♡」

という口ぐせです。実際、私のクライアント様にもこの方法を伝えたところ、「この言葉をつねに言っていたら、愛されるようになった」という人が続出しました。
本当に少し口ぐせを変えるだけで、現実に変化が起こるのです。

ぜひ、試してみてくださいね。

言霊には魔法のような力がある

引き寄せの法則や潜在意識を学ばれている方なら、「言霊《ことだま》」という言葉を聞いたことがあるかもしれません。

「言霊」とは、私たちが日頃口にする言葉には魂が宿るという考え方です。

これは、口にした言葉は生きていて、現実に起きる出来事に影響を与えるということです。

無意識に口にしている人が多いのが「お金がない」という言葉です。

こうした言葉は、本当にお金のない状態を引き寄せてしまいますので、気をつけていてください。

「できない」という言葉も同じです。

この言葉を口にした途端、そのことは「できない」ことになってしまいます。

自分には難しいかな、できるかわからないというときは、「できない」ではなく「やってみる」と口にしてみるだけで、できるようになります。

不思議ですが、言葉には現実を変えてしまうパワーがあるのです。

あなたが前向きな言葉を使うようになると、必ずその言葉がポジティブな結果を引き寄せてくれます。

ですから、いつもいい言葉を使うといいですよ。

「いい言葉を口ぐせにしている人は、いい結果が出る」ということなんです。

2-4 思考で結界をつくる

意識しないとネガティブにフォーカスされる

自分の思考をポジティブに意識することで、自分を守る結界をはることができます。

私たちは、意識しないとネガティブにフォーカスしてしまうようにできています。

あなたの潜在意識は、あなた自身を守るためにいつも一生懸命がんばってくれているのです。

私たちが何かを考えるときには、人それぞれの傾向があります。これは「思考のくせ」のようなものなので、ポジティブに変換することができるものです。

これから、その方法をお伝えしていきますね。

瞑想で「思考のくせ」を見つける

思考で結界をはるポイントは、**「ポジティブな考え方でいいエネルギーを増やして、ネガティブなエネルギーを減らすこと」**になります。

それでは、どうしたらいいのかというと、私のオススメは瞑想です。

最近、「今、ここ」を意識して味わう瞑想が注目されています。グーグルやアップル、インテルといった大企業も瞑想を取り入れるようになりました。

それだけ瞑想の効果があるということです。

瞑想は「何も考えないようにする」「呼吸に集中する」「マントラをとなえる」などいろいろな方法があります。

でも、まずはラクに目を閉じて、自分の考えていることをただ感じてみてください。

正しい姿勢や体勢、どのくらい瞑想するかなどといったことを最初から決めてしまうと、つらくなって続きません。

ムリのないときに1分でもいいのでやってみてくださいね。
ただ浮かんでくる考えに意識を向けて、否定も肯定もせず、

「ああ、私今こんなこと考えているんだなあ……」

と、自分の考えを感じてみてください。これを何回か続けていくと、自分がいつも何をどんなふうに考えがちなのかがわかってきますよ。

・家族問題ばかりネガティブに考えていた
・ほとんどが仕事に対する不安だった
・悩みは、ダイエットやヘアスタイルなど、自分の見た目のことが多かった
・なぜかお金の心配ばかりしていた

こうした考え方のくせが、「心のブロック」なのです。

瞑想で「思考のくせ」を見つける

・ラクな姿勢と呼吸で目を閉じてみる
・自分の考えていることを感じてみる
・思考のくせの傾向を知る

思考のくせを見つけられると、
ネガティブにフォーカスしなくなる

ゆっくり自分と向き合う時間をつくってみてくださいね。

「おかげさまで」という魔法の言葉を使う

自分の考え方のくせがわかってきたら、次のステップへ進みましょう。

ネガティブな考えが浮かんだら、ポジティブに変えていくのです。

このとき私がよく使う魔法の言葉があります。

それが、

「おかげさまで……」


という言葉です。

これをネガティブな言葉につけると、必ずそのあとにポジティブなことを口にすることができるようになります。

例えば、

・待ち合わせの相手から「遅れる」という連絡があった
↓（おかげさまで）読みたかった本を読む時間ができた

・料理を失敗してしまった
↓（おかげさまで）次からはもっとうまくできる

いかがでしょうか？

どんなネガティブな思考でも、「おかげさまで……」をつけると、そのあとにはネガティブを打ち消すような言葉が自然と出てくるんですね。

こうして、ネガティブをポジティブに変換することをくり返していくことが、思考による結界をつくることになります。

「おかげさま」という言葉の魔法

「事実＋おかげさまで（こんないいことがあった）」というように、ネガティブをポジティブに変換するくせをつけよう。

ネガティブ思考が消えていく

2-5

潜在意識で結界をつくる

自分の心と対話する方法

自分の潜在意識でも、結界をつくることができます。

潜在意識に対して私たちができることの中で、もっともいいのは、「波動を下げないように意識しておくこと」です。

私がいつも意識して行っている具体的な方法をお伝えしましょう。

波動を下げないためには、**「自分の心と対話すること」**がとても大切になります。

自分の心がザワザワしたり、つらいなと感じたり、苦しいな、悲しいな、なんか変だなと思ったら、必ず自分の心と対話してください。

こういった状態を放置しておくと、だんだん波動は下がってしまいがちです。


ムカつくことがあったら、ムカついたことを紙に書き出してみることです。悲しいと思ったら、悲しかったことをそのまま紙に書き出してみるのです。


どんなひどい感情、ネガティブな感情、腹黒い感情でも、すべて紙やノートに書くことが大事です。

そうすると、起こった事実を客観的に見ることができます。そして、ふっと湧いてきた感情に振り回されるのではなく、自分の心と対話するチャンスが生まれます。

例えば、

「あの人がイヤだ！　すんごくムカつく！」

と思う出来事があったとしましょう。

そうしたら、

「なぜイヤなんだろう？」

と、自分の心に聞いてみるのです。

そのときの感情が出てきた理由をまた、そのまま書き出します。


「あまり話を聞いてくれなかったから」


と出てきたら、また自分の心に聞いてみるんです。

「なんで、あまり話を聞いてくれないことがイヤなんだろう？」

「私がのけ者にされた感じがした」

「私がひとりぼっちにされた気がした」


そしてまた「なぜ、それがイヤだったのか？」と自分の心と対話を続けます。そうすると、

「のけ者にされた感じがして、寂しかったから」

本当は、その人がイヤなのではなく、「寂しかった」という感情が出てきたことがわかるのです。

その感情を「そうか、そうか。寂しかったんだね」と、しっかり感じてあげて、自分を抱きしめるような気持ちで感情に寄り添ってあげるのです。

感情をしっかり感じきると、そのネガティブな感情はだんだん解放されていきます。

ネガティブな感情が悪いわけではありません。

ネガティブなことが起きることは、本当の自分を知るチャンスです。

ここを「なかったこと」にすると、心にフタが閉まり、自分の感情がわからなくなっていきます。

このように、自分の心と対話すると、

「気がした」

「そんな気がする」

LINEのようなイメージで対話してみよう

という、自分の妄想が出てくるかもしれません。

しかしそれは、

「本当にその人が言ったのか？」

という事実を見ないと、自分の心はネガティブな妄想で埋めつくされます。

毎日、心と対話をすることで、この感情が癒やされて、いつも幸せな心でいられるようになります。

こうした対話はすぐに行うことが大切です。体に傷ができたらすぐに「手当て」をしますよね。ケガをしてほうっておいたら傷が悪化するのと同じで、心の傷も悪化してしまいます。

これと同じで、自分のネガティブな感情に気づいたら、すぐに自分の心と対話をしましょう。そうして、心の手当てをすることが大切なんです。そうすることで波動を下げたままにせず、良い状態に戻すことができるんですね。

自分との対話にまだ慣れていない人は、**まずは朝起きたときに自分の心と対話するのがオススメ**です。

朝いちばんに不安に感じていること、イヤだと思っていることがあるようなら、紙やノートに書いて自分の心と対話してみてください。

そうすることで、不安やネガティブな妄想にとらわれなくなり、また波動を上げることにもつながり、潜在意識がその日一日の結界をつくってくれます。

そして楽しい一日を送ることができますよ。

心のブロックを外す「心との対話ワーク」

まずノートや紙を用意しましょう。
やりたいと思っているのに、どうしても「前に進まない、できない」と思うことを書き出してみてください（ノートや紙がなければ左の枠内でもかまいません）。

書き出せたら、自分と対話をしてみましょう。

例えば、

「やりたいことが仕事になるはずがない」

「生活のためには今の仕事をしないといけない」

と、前に進めないブロックが出てきたとしたら、

「やりたいことが仕事になるはずがない、というのは本当？」

「生活のためには今の仕事をしないといけない、というのは本当？」


と、自分の心に聞いてみましょう。

私たちは間違った思い込みを持っているだけなので、こうやって紙に書いて、無意識の思い込みを視覚化することが大事なんです。そこで、

「やりたいことが仕事になるはずがない、というのは本当？」
←
「本当。だって、やりたいことが仕事になるはずがない」

←
「じゃあ、どうやったら仕事になるようになるかな？」

と対話を深めて、「どうやったらできるか」に変えてみるんです。

「生活のためには今の仕事をしないといけない」
←
「生活のためには今の仕事をしないといけない、というのは本当？」
←
「本当。今の仕事をやめたら食べていけなくなるし」
←
「じゃあ、どうやったら今の仕事をやめても食べていけるようになるのかな？」

に変えてみるんです。

あなたが書き出した「前に進まない、できない」というブロックを眺めながら、自分の心との対話をしてみてください。

そこから前に進めなかったことを、少し行動してみることで、ブロックは外れやすくなります。

2-6

お塩で結界をつくる

空間も体も浄化できる魔法のアイテム

お塩でも結界はつくることができます。

お塩は相撲をする土俵や神社など、いろんなところでお清め、おはらいとして使われますよね。

なぜお塩を使うのかはいろんな説があるのですが、神道においてお塩を使うおはらいの起源は、『古事記』や『日本書紀』に出てきます。

伊弉諾尊《いざなぎのみこと》が、妻である伊弉冉尊《いざなみのみこと》がいる黄泉《よみ》の国から戻ったあと、海水につかってみそぎを行ったため、そのあとも水と塩はお清め、おはらいの重要なアイテムとなったようです。

ここで風水をやっている人なら、ピンときたかもしれません。

そう、「盛り塩」です。お気に入りのお皿に粗塩を盛って、部屋の四隅や玄関などに置いておく方法です。

旅行先で宿泊するお部屋や、引っ越ししたばかりのお部屋。そういったところでネガティブなものを感じたり、具合が悪くなったりしたときには、すぐに塩で結界をはりましょう。

やり方はカンタン。

部屋の四隅に白い紙などを置いて、盛り塩をします。どうしてもこぼれてしまいそうなら、紙に包んでおきましょう。

塩のパワーで結界ができ、この部屋の内側にネガティブなものが入れなくなります。

パワースポットなどに旅行したら、お水とお塩を買って持ち帰るのもオススメです。

その土地のいいエネルギーを持ち帰ることができます。

私自身がよく行うお塩を使った結界は、おフロのお湯にお塩を入れて入ること。

いわゆるお清め効果があります。

実際、お塩を入れたお湯にゆっくりとつかることで、目には見えないネガティブなものが落ちることを感じます。

さらに、邪気が溜まってなかなか運気が上がらないのなら、お酒を入れるといいですよ。お塩とお酒で清めることで、ネガティブなものを寄せつけない体になるのです。

おフロにお塩を入れる

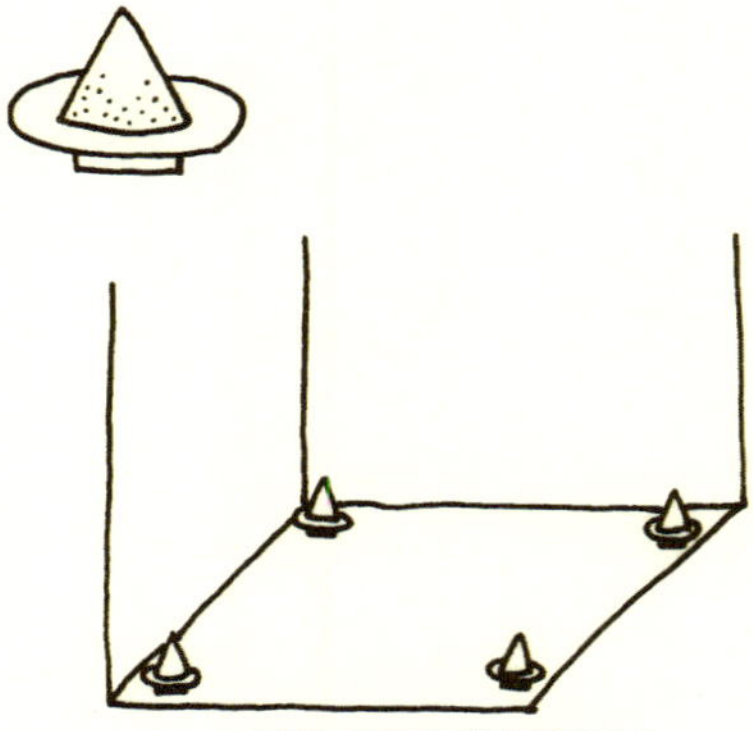

部屋の四隅に盛り塩を置く

2-7 お札・お守りで結界をつくる

古代から使われてきた結界の定番

神社やお寺でいただくお札やお守りも、結界をつくってくれます。

いわゆる「パワースポット」へ出かけてみると、ポジティブなエネルギーやパワーをもらえたりする人が多いのではないでしょうか。

神社やお寺もパワースポットですが、そのパワーをいただいて帰ることができるのが、お札やお守りなどを持ち帰ることなんですね。

お札は、護符や御符、霊符、呪符、タリズマン、魔よけ、といった呼び方をされるもののことで、お守りはそれを小さくして持ち歩けるようにしたものです。

これらのお札はどれも結界をつくってくれるパワーがあります。

ネガティブなエネルギーを引き寄せないパワーも、ポジティブなエネルギーを引き寄せるパワーも、とても強いのです。

2-8 体のまわりを守る結界

身につけるもので結界をつくる

ここでは**自分の体のまわりに結界をはる方法**をお伝えしますね。

体のまわりに結界をはるには、自分の体が浄化されている必要があります。

「波動の合う人たちがまわりに集まる」という宇宙の法則があるとはいえ、職場や学校など相手を選べないときもありますよね。

・あまり気乗りしない相手と一緒に過ごさなくてはならない

・気難しい上司と同じプロジェクトをすることになってしまった
・グループの中に苦手な人がいてやりにくい

こんなふうに、「今日はとくに自分のまわりに結界をつくりたい！」という日には、ぜひこれらのことをやっておいてくださいね。

◯卵オーラ法（やり方はP134）

朝このイメージングだけで結界をはることができます。そして、これを行うとネガティブのエネルギーを寄せつけなくなります。

◯塩を身につける

塩の結界力はとても強いので和紙、もしくは白い紙に包み、持ち歩くことで結界をつくります。

○好きな香りを身につける

自分が心地よく感じ、好きだと思う香りを身につけることでも、体のまわりに結界をつくれます。ただし、周囲の人が不快に感じるほどの強い香りはＮＧです。

○お気に入りの服を着る

自分が本当に気に入っている服を身につけるだけでも結界になります。ブランド物の高価な服でないといけないということではありません。自分が心から好きだと感じて選んだ服を身につけましょう。

○赤い下着を身につける

赤い下着にも結界効果があります。赤色は生命力を高め、地にしっかり足をつけた状態になるので、強い結界をつくることができます。勝負下着が赤という人が多いのもうなずけますね。

身につけるもので結界をつくる方法

・塩を身につける
・好きな香りを身につける
・お気に入りの服を着る
・赤い下着を身につける

小さな工夫で
心と体にバリアができる

2-9 まわりの空間を守る結界

あなたが過ごす空間を守る結界のはり方をお伝えしますね。


結界をはる前に、身のまわりの掃除をしてみましょう。

その空間をキレイにすることが強い結界にするポイントになります。

せっかく結界をつくっても、その中にネガティブなエネルギーがあると、結界のパワーも弱くなり、ネガティブなものが入り込んでしまいます。

まずは片づけや掃除をしてから結界をつくっていきましょう。

香りの結界

落ち着ける香りや好きな香りは、あなたを守る空間をつくってくれます。

ディフューザーや、好きなアロマオイルの香りをお部屋などで使っていきましょう。

職場ならハンカチなどに染み込ませた好みのオイルをデスクに置いてみてください。

お気に入りの香りに包まれると、その空間だけでなくあなたの波動は高まり、ネガティブなエネルギーが入ってこなくなります。

お香の結界

部屋の中でお香をたいたり、邪気を払ってくれるホワイトセージを燃やしたりすることで結界をつくることができます。

炭の結界

炭も空間に結界をつくってくれます。

半紙などの白い紙の上にのせたり、好みの容器に入れた炭をお部屋の四隅に置いたりしておくだけで、その空間が浄化されます。

炭には邪気といったネガティブなものを吸収してくれるパワーがあります。

音の結界

音でも結界をはることができます。

音は周波数という言葉どおり、揺れる波なので、波動そのものでもあります。ですから、結界をはることも、波動を高めることもできます。

いちばんお手軽でオススメなのは**「柏手《かしわで》」**を打つことです。

手と手を「パン、パン」と叩き合わせる音で、結界ができます。

柏手のいいところは、何の道具も必要ないことです。出張や旅先で宿泊する部屋を柏手で浄化することもできてしまいます。

なんとなく邪気のようなものを感じたら、窓やドアを開けて、大きな音で柏手を打ってくださいね。

はじめのうちは低くてにぶい音がしますが、何度

も打っていくうちに音がキレイに澄んでいきます。

そして、キレイな「パン！」という音が出ればもう大丈夫。邪気が払われます。

花の結界

私はできるだけ部屋にお花をかざるようにしています。どんなお花を選ぶかというと、自分がときめきを感じたお花です。

「ああ、この花、好きだなあ」

「このお花にピンときた！」

と感じたお花は、今の自分に必要なエネルギーを与えてくれます。

不思議なことに、自分がちょっと落ち込んだ気持ちになると花はすぐに枯れてしまいます。これは、花が空間にあるだけで、ネガティブなエネルギーを吸収し浄化してくれるからなんです。

だからそのときは、お花に感謝してあげてくださいね。

第3章

結界を強化する小さな習慣

3-1 身のまわりに自分がときめくモノを置く

ときめく気持ちが、潜在意識を変える

日常生活において身のまわりを浄化することで結界を強めることができます。

私が心がけているのは、「**身のまわりのモノは自分が本当に好きなモノだけを選ぶ**」ということです。

自分の大好きなものだけに囲まれる生活をイメージしてみてください。

なんだかワクワクしたり、ときめいてきたりしませんか？

この、ときめく気持ちがとても大切で、それが自分の波動を上げることにつながるのです。

部屋の中は、あなたが長く過ごす空間です。

自分が本当に好きで欲しくて買ったものは高い波動を持っていますから、空間を浄化してくれますし、自分の気持ちも高めてくれることにつながります。

また、外出するときの持ち物も、自分に強い影響を与えています。

例えば、お財布などは毎日手に持って使っていますよね。こうしたモノも、自分が本当に好きなモノを選んでください。

見るたびに、使うたびに嬉しくてワクワクするものを持つことで、とっても心が豊かになるのです。

そして潜在意識にもその豊かさが伝わり、どんどん「好きなものを買うことができる私」になっていきます。

3-2 こわれたモノ、使えないモノは捨てる

モノの波動を高くすると、お金も引き寄せる

モノにも波動があります。

欠けてしまった食器や、こわれたモノ、落ちない汚れのついた敷物などは、波動が低く、そのまわりの波動も引き下げてしまいます。すると、さらに波動の低いものを引き寄せてしまうのです。

ですから、「もったいない」からといって使うことはやめましょう。

塩や炭などで部屋を浄化しようとしても、そうした波動の低いモノがたくさんあると、その効果も出にくくなってしまいます。

欠けたり、こわれたり、洗っても落ちないほど汚れてしまうということは、そのモノの寿命が来たということです。

これまでのそのモノとの思い出に「ありがとう」と感謝をして、気持ちよく処分しましょう。

また、本当は好きではないのに「安いから」という理由で買ったモノなども、低い波動になっています。

目にするたびに、「あんまり好きじゃなかったけれど、安かったから買った」と心の奥にインプットされていきます。

そうすると、「安いものしか買えない私」というセルフイメージができあがり、お金も入らない波動を引き寄せることになります。

もったいないと感じるかもしれませんが、引き寄せるものを波動の高いものにするために、波動が低いものはきちんと処分しておきましょう。

すると高い波動になり、自分の心も満たされ、「**好きなものが買える私**」と潜在意識は認識して、お金も引き寄せることができるのです。

モノの波動と引き寄せの関係

こわれたモノ、欠けていて使えないモノ、本当は好きではないのに安いからという理由で買ったモノ……などは低い波動を引き寄せる。

こわれたモノ、いらないモノは
すぐに断捨離しよう

3-3 潜在意識と仲良くなる

潜在意識と意識して近づく

いつも意識して潜在意識と仲良くなることで、結界を強めることができます。

潜在意識は、顕在意識と違って、わからないこと、知らないことがほとんどです。ここでは、そのわかりにくい潜在意識と仲良くなる方法をお伝えしていきますね。

まず、潜在意識に近づける時間についてです。

朝起きたときや、夜眠りにつく前には、意識がはっきりしなくなって、ボーッとした感じになりますよね。**実はそのときが、潜在意識に近づいている大切な時間**なんです。

このボーッとしている時間は潜在意識の扉が開いているときなので、このタイミングで宇宙に欲しいものをオーダーすると手に入りやすくなります。

このときにポジティブなことをイメージしていると、そのイメージどおりのものを引き寄せることができるんですね。

逆に、このときに不安なことを考えていたり、心配事をしていたりすると、潜在意識はそのとおりのものを引き寄せてしまいます。

ですから、**朝起きてすぐに考えることは「ワクワクすること」「楽しみなこと」**にしていきましょう。これはちょっと意識しておけば、すぐにできるようになります。

そしてもうひとつやってほしいことは、**朝起きたときに目に入るものを「好きなもの」「幸せを感じるもの」にしておく**ことです。

ベッドルームで目を覚ましたときにすぐに目に入ったものを見て、

「これ好きだなぁ……」

「幸せだなぁ……」

と思えたら、同じような幸せの波動を引き寄せ、幸せなことが起きてきます。

夜、眠りにつく前の時間も同じで、潜在意識と近づく大切な時間です。

できるだけ楽しいことを考えるようにするといいんです。

今日の出来事の中で、何がいちばん幸せだったか、楽しかったか、明日はどんなふうになってほしいか……など、ワクワクしながら思い浮かべるようにしましょう。本を読むときは、なるべく元気が出る本を選ぶのがオススメです。

「ほめる」ことで潜在意識にアクセスする

さらに、**意識するだけでできる「潜在意識にアクセスする方法」**をお話ししていきますね。

私は、**「とにかく自分をほめる」**ということをいつも意識しています。

この方法をお伝えすると、

「私、自分のほめるところなんて見つかりません」

と言う人がいますが、それはありません。誰でも必ず、ほめるところはたくさんあります。

私がやっている「自分を24時間ほめる方法」を知ったらきっと、「なんだ、そんなことでいいの!?」と驚かれると思います。

「私いま、家族の朝ご飯つくっている、これってすごくない!?」

「私いま、トイレの掃除をしている、えらくない!?」

「私いま、仕事している、すごくえらいよね～」

こんな感じでほめています(笑)。

「今」やっている行動をいつもほめている状態にしたら楽しくないですか?

私は24時間自分をほめている状態なので、当然自分をつねに肯定していることになり、いつも「私」が楽しくいられます。

こうやって顕在意識で自分をほめることは、必ず潜在意識に伝わり、自分の心が安定し、「幸せ」や自分に対する「自信」が湧いてくるようになります。

当たり前は、当たり前じゃない

私がいつも思うことは、「当たり前というものはない」ということです。

「○○をしてくれるのが当たり前」
これが増えれば増えるほど、実は、自分を苦しめているのです。

ダンナは働いてくれるのが当たり前
主婦は料理をするのが当たり前
結婚したら家事をするのが当たり前
会社はお給料をくれて当たり前

こう思えば思うほど、苦しくて、イライラするんですね。

大事なのは、

「当たり前のことなんて、世の中にはない。できていることはすべてありがたいこと」

と考えることです。

ダンナ様がゴミ出しをしてくれるのも、食器を洗ってくれるのも、お仕事をして家計を支えてくれるのも、すべて「当たり前」ではないんですね。

すべて「ありがとう」なんです。

感謝のエネルギーの波動は最高のもののひとつ。

今まで「当たり前」と思っていたことに「ありがとう」と思えるようになると、潜在意識と仲良くなれます。

それだけでなく、波動も高くなっていっそう結界が強まり、運が上がっていきます。

3-4 呼吸を変える

呼吸＋言葉で、自分が変わる

呼吸を変えることで結界を強くする方法をお伝えしますね。

例えば、仕事でのプレゼンや、学校での発表、人前でお話をするとき……。

いつもと違う状況で緊張していると感じたら、自分の呼吸に意識を向けてみてください。

緊張している自覚があるときは、呼吸にも力が入り、浅く速い呼吸になっています。

呼吸が浅く、速くなっているときの精神状態は「がんばらなくてはいけない」というあせりが生まれがちです。

がんばろうとして体によけいな力が入っているのですが、これは自然の流れに抵抗しているんですね。

自分がそうなっていることに気づいたら、力を抜いて呼吸してみましょう。

このとき大きく息を吸おうとするのではなく、「ふーーーっ」と大きく息を吐くようにすると、自然と大きく吸い込むことができます。

誰もいないところであれば、ゆったりと力を抜いた呼吸をしたあと、「○○になるから大丈夫！」と口に出して言ってみてください。

「私、プレゼンはうまくできるから、大丈夫！」

「私の発表はうまくいくから、大丈夫！」

「緊張せずにいつもどおり話せるから、大丈夫！」

「試合ではいつもの力を発揮できるから、大丈夫！」

と、成功したイメージを思い描きながら言葉にしてみるのです。

人がまわりにいて口に出せないときは、ゆったりと呼吸しながら心の中でつぶやきましょう。呼吸を整え、言葉とイメージを使うことで、あなたの結界は強くなり、ネガティブなエネルギーを引き寄せなくなります。

「うまくいかないかもしれない」といった不安も邪念ですから、結界を強くすることで入り込めなくすればいいんですね。

やってみて不安がやわらぎ、ポジティブなイメージができればもう大丈夫です。

あとは自動車のナビゲーションと同じように、イメージしたところまで連れていってもらえます。

抵抗せずに宇宙に身をゆだねるような気持ちでいてください。

3-5

神社で神様の力を借りる

神様の力を手に入れるただひとつの方法

神様の力を借りて結界を強くすることもできると私は考えています。

ここでは、私が日頃どのように神様とおつきあいしているかお伝えしますね。

あなたは神社に行ったとき、どのように「お参り」されていますか?

私の場合、あいさつをしながら鳥居をくぐり、手水場で手と口を洗い清め、本殿へ向かい、お賽銭を入れ、鐘を鳴らして、神様にごあいさつします。

ここまでは、きっと皆さんと同じかと思います。

そのあと、私はただひたすら神様に感謝をしています。

祈願をするのではなくて、感謝をするのです。

いつも家族のこと、仕事のこと、身のまわりのことすべてに「ありがとうございます」という気持ちと、感謝していることを神様に伝えます。そして、その神社がよりいっそう繁栄することを願っていると神様にお伝えします。

感謝できるというのは、自分に今「ある」ものにフォーカスできていることです。自分の今「ある」ものにフォーカスすることで、「私はある」と潜在意識が認識して、「ある」ことをどんどん引き寄せます。

その引き寄せに、さらに強力な神様のパワーを使わせていただくことができるようになるのです。

感謝するのが難しいと感じる方もいますよね。

その理由は、**感謝できないときは「ない」ものにフォーカスしているから**です。

そうすると、もっと「ない」状態を引き寄せてしまいますから、自分が今持っているもの、今「ある」ものにフォーカスしてみましょう。

「ある」に気づいて神様に感謝すると、大きなパワーとなって現実がどんどん好転していきます。

潜在意識が信じられることを報告する

そして、お参りの最後に、**「自分がこれからすること」**を神様にお伝えします。

「私はこれから、〇〇をやっていきます！」

「うまくいきますように」「願いが叶いますように」といったお願いではなく、神様に報告するのです。

これは、宇宙にオーダーしているのと同じように、感謝のエネルギーとともに潜在意識に強く届きます。

自分が心から決めたものを神様に宣言するということは、願いが強力になるので、さらにうまくいくというわけなのです。

神様の力を借りる方法

・祈願ではなく感謝する
・家族のこと、仕事のこと、健康のことなど、現在あるものに感謝を伝える
・最後に自分がこれからすることを報告する

お願いするのはもうやめよう

3-6

エネルギーの強い鉱石を使う

パワーストーンを使いこなす

結界を強めるには、パワーストーンも役に立ちます。

大地のエネルギーを凝縮している鉱石《こうせき》は、高い波動で結界を強化してくれます。

中でも私のオススメは、「水晶」です。

水晶は、すべてのものに対して調和を生み出し、それらをうまく統合させ、よりいっそう強力なパワーを発揮させるように導いてくれます。

そして、すぐれた浄化作用により、マイナスエネルギーやさまざまな波動を、もとのクリーンな状態に戻してくれるのです。

お部屋の結界を強化したいなら、お部屋の四隅にパワーストーンを置きます。そのとき、お気に入りの小皿などの上に載せるとよりいいです。

自分の身のまわりの結界を強めたいなら、パワーストーンを身につけます。

これも、パワーストーンのブレスレットやネックレス、ペンダントでもいいですし、小さな袋に入れてバッグの中に入れてもいいですよ。

ツールを使って結界を強化するときのポイント

パワーストーンだけでなく、なんでもそうなのですが、結界を強めるためには、自分が気持ちよくなっていること、ワクワクできていることがいちばん大切です。

そうすることでよりポジティブなエネルギーで、結界を強くすることができます。

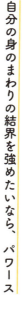

例えば、香りで結界をつくるときにも、誰かがオススメしたものではなく、あなたが本当に好きな香りを使うようにしましょう。

香水やディフューザーを目にしたとき、匂いをかいだときに、自分が「これで浄化されている、結界が強くなる♪」と心から感じられるものが、あなたの結界を強めてくれるのです。

私は、キラキラしたモノ、キレイなモノが好きなので、そうしたものが目に入るようにしています。

モノを使って結界を強めたいときには、「自分がどう感じるか」を大切にして選んでみてください。

第 4 章

結界内をパワースポットに変える方法

4-1 結界内をパワースポットに変える

ここまでお話ししてきたとおり、結界をはってもその内側にネガティブなものがたくさんあると結界は弱くなってしまいます。

結界は「はったから、もう大丈夫!」というものではありません。

結界でネガティブなエネルギーから自分や空間を守りながら、結界内をパワースポットにして、ポジティブなエネルギーだけを引き寄せられるようにするのが大切です。そのためには結界の内側を浄化すること。

あなたの自宅やお部屋、リビングやトイレ、職場、小物などを浄化することで、結界の内側をパワースポットにしてしまいましょう。

結界内をパワースポットにするメリット

・結界の中のエネルギーが高まる
・お金の流れが良くなる
・日常生活の質、エネルギーの質が高まる
・エネルギーがつねにいい状態になる
・自分の家がエネルギースポットになる

お金、生活の運気がみるみる上がる

4-2 自宅のリビングをパワースポットに変える方法

リラックスできる空間が大事

自宅で長く過ごすキッチンやリビングをパワースポットにするには、邪気のあるものを処分することから始めるのがオススメです。

邪気のあるものというのは、例えば欠けてしまっている食器やこわれたモノ、洗っても落ちないほど汚れているモノ、もういらなくなったモノなどです。欠けているモノ、こわれたモノって必ず使わなくなりますよね。使わなくなったモノは、私たちには必要のないものなので波動が落ちているのです。

そして、空間の波動のエネルギーも下げ、運気も落ちていくことになります。

リビングは、自分や家族にとってのくつろぎのためのスペースですよね。

仕事を終えて、ほっとリラックスしたときというのは、潜在意識にいろいろな情報が入りやすくなっているときです。

そんなときに目に入ってくるモノが欠けていたり、こわれていたりすると、潜在意識は同じようなものをさらに引き寄せていきます。

リラックスできる空間こそ、本当にお気に入りのモノ、ワクワクするモノだけに囲まれている状態をつくっておきましょう。

モノの捨て方・選び方で、パワースポットに変わる

あなたが、欠けたり、こわれたりしたモノを持ち続けているのは、「もったいないから捨てられない」という心のブロックが影響しています。

なぜわかるかというと、私自身がそうだったからです（笑）。

この「もったいないから捨てられない」をやめるには、宇宙の法則を知っておくと

いいと思います。

宇宙の法則では、あるべきものがなくなったら、その空間を埋めようとするパワーが働いています。

あなたが邪気のあるモノを捨てると、そこに空間ができますよね。

その空間には必ず新しいモノが入ってきます。

ということは、**あなたがいつまでも邪気のあるモノを持っていることは、新しくていいモノが入ってくるのを邪魔してしまっている**ことになります。

「手放せば、必ず新しいものが入ってくる」というのが宇宙の法則です。だから、邪気を感じるモノはどんどん処分していきましょう。

買ってしまうパターンを見つけよう

ここでやってほしいことがあります。

モノを捨てるというのは、自分のクセが見えるときです。

部屋中からモノを集めると、同じものがたくさん出てきたことはありませんか？

ずいぶん昔ですが、私は大掃除をしたときにコットンや綿棒がたくさん出てきました。


「なぜこんなに買っているのだろう？」


と考えわかったのですが、そのときに出てきた感情は、「不安」だったのです。

「メイクを落とすときに、コットンや綿棒がなくなったら困る！」という不安が原因で、コットンや綿棒の買い置きをたくさんしていたのです。

そのことに気づいてから、買い込むのをやめることができました。

このように、何かを買うときには、自分に問いかけてみてください。


不安で同じものを買っていませんか？

送料を無料にするために、いらないものを購入していませんか？

安売りしているから、まとめ買いをしていませんか？

もったいないからいつか使おうと思ってしまいこんで、すっかり忘れているものはありませんか？

これは全部、私もしてきたことです（笑）。

捨てるときは自分を知るチャンスです。

私は捨てるときにこういうパターンを見つけてから、買い物の仕方が変わりました。

余計なものを買うことをやめると、その分を家族と美味しい食事を食べに行けたり、好きなものを購入できたり、お金を貯めたりできます。

そこをしっかり見つめることで、豊かさを手に入れることができるのです。

捨てるときには、「過去の私」も一緒に捨ててしまいましょう。

これから何かを購入するときに、もうひとつ意識してほしいことがあります。

それは、**「とりあえず買う」「なんとなく買う」という買い物をしない**ことです。

モノを選ぶときには、自分がそれを本当に好きで、欲しいと思っているのか、ときめくかどうか、をたしかめてください。

選ぶときの理由が、「流行っているから」「みんな持っているから」「高級品だから」、あるいは逆に「安いから」という感じでは、モノを手にしても心が満たされません。

心が満たされないということは、つねにまわりの人や情報に振り回されるばかりで、自分自身の心を大切にできていないということ。

それはあなた自身の波動を下げてしまうことになります。


ですから、自分が嬉しくなる、楽しくなる、ワクワクするものを選んでください。

買うときにいちいち意識しないと、最初はできないかもしれません。

「心に聞く」という意識が「私」を満たすことにつながり、そうしたものに囲まれた生活は、潜在意識に伝わってさらに好きなもの、いいものを引き寄せるようになっていくのです。

4-3

ベッドルームをパワースポットにする方法

ベッドルームは魂と潜在意識につながるところ

ベッドルームこそ、結界の内側をパワースポットにしてほしいところです。

眠りは人にとって、とても大切なものですが、それだけではありません。

眠りについている間、人は魂の世界に戻っています。

魂の世界に戻って、しっかりと疲れを落として癒やされて戻ってくるから、人の心はいつも元気でいられるのです。

眠る時間が足りないと、体の疲れがとれないだけでなく、心の疲れもとれないということです。

また、寝ているときに人は、潜在意識にもアクセスしています。心地よくリラックスして寝ているか、寝苦しい状況で寝ているかは、そのまま潜在意識に伝わります。だから、引き寄せるものも変わってくるのです。

ベッドルームは、「運を育てるところ」です。

だからこそ、私はベッドルームの心地よさをかなり大切にしています。

ベッドにはちょっとだけお金をかけて、質の高いものを選んでいます。そうすることで波動も運も上がり、より高い波動のエネルギーを呼び込むことができるのです。

ひとつだけ上質なものを取り入れる

ベッドルームにこだわるといっても、はじめは難しいと感じるかもしれません。

そうした方に私がいつもお伝えしているのは、

「何かひとつだけでいいから、上質な寝具を選んでください」

ということです。

例えば、すべて高級なベッドや布団にするのは難しくても、枕だけならちょっとがんばれば上質なもの、自分にとって使い心地のいいものを選ぶことはできますよね。

はじめはそんなふうに、自分にできる範囲でいいのでやってみてください。

ひとつ上質なものを取り入れるだけでも、睡眠の質が高まります。寝ているときは潜在意識にアクセスしているので、心地よい状態が潜在意識に伝わり、どんどん上質なものを引き寄せるようになっていきます。

また、私はベッドルームの空気にも気を配っています。

窓を開けて、キレイな空気を取り入れることで、新しいエネルギーが取り入れられ、波動が高まります。

自分が心地よくリラックスできて、よく眠れる環境を整えてみてください。

ベッドルームにこだわることで「開運体質」になっていきます。

4-4 トイレをパワースポットにする方法

水まわりを浄化すると、お金の流れが良くなる

ここではトイレなどの水まわりの浄化についてお話ししますね。

トイレや洗面所、おフロなどの「水まわり」は金運のエネルギーとつながっています。

水まわりのようにいつも使うところが汚れたままになっていると、波動が低くなり、健康運や金運が下がっていきます。

ですから、金運アップのためにもトイレや洗面所、おフロなどはいつもキレイにし、浄化することがとても大切です。

また、こうした汚れやすいところをキレイにすることで、あなたのエネルギーの波動も浄化されて高まるのです。

水まわりの悪臭にも気をつけてくださいね。

キッチンの生ゴミを放置したり、トイレが掃除されていない状態が続いたりすると、悪臭が立ちこめます。

学校の怪談にある「トイレの花子さん」というものも、実は水まわりですよね。**湿気が多く、悪臭が溜まるところには、邪気が集まってくる**のです。

水まわりの悪臭を放置していると、ネガティブなものをどんどん引き寄せて、家や建物の波動が低くなってしまうのです。

こまめに掃除をして、空気を入れ替えるようにしましょう。

成功する人は、トイレ掃除に力を入れるとよくいいます。

徹底的にキレイに掃除したら、そのあと塩を流して、浄化して清めるのがオススメ

です。

さらに、できればトイレや蛇口などをピカピカに磨きましょう。

いつもピカピカに磨いておくことで、金運はさらにアップします。光り輝くものはポジティブなものを引き寄せますので、単に掃除したと満足するのではなく、がんばってピカピカにしておきましょう。

4-5 お財布・お金をパワースポットにする方法

お財布の波動に敏感になろう

お財布の波動を高くしておくことは、とても大切です。

お財布のエネルギーが低い状態では、お金が出ていったり、支払いが増えたりすることがどんどん出てきます。

お財布がレシートやポイントカードでいっぱいで、型くずれしている状態はNGです。これはお金が入らない状態。つまり「お金が入ってこない」という波動をつくってしまっているのです。

お財布は、お金にとってのお家です。

いらないもので散らかっている家は、そこにいるのがイヤになり、出ていきたくなりますよね。

お金も同じように、ごちゃごちゃしたお財布からはすぐに出ていきます。

お金以外のものは本当に必要なカード類だけにして、スッキリとしたお財布になるようにしてください。

居心地がよくなったお金がほかのお金を呼んでくれるのです。

「お財布を買うときって、どういうものを選べばいいですか？」

とよく質問されます。

私がお財布を選ぶときは、自分が本当に好きなもの、ときめくものに出会えたら購入するようにしています。

お財布に限らず、「あなたの気持ちがいちばん大切」です。

たとえ、高価なブランドのお財布だとしても、自分が気に入らないお財布なら、持っていてもエネルギーの波動はやっぱり高まりません。

お財布は小物の中でもいつも持ち歩いて、一日に何度も手にとるものですよね。だからこそ、なによりもエネルギーの波動の状態をチェックしてほしいのです。

お財布を休ませるところをつくる

お財布は、使っているうちにエネルギーが消耗していきます。

できればお財布は毎日バッグから出して、光にあたらないところで休ませてあげましょう。

そうすると、お財布の波動が上がって、結界ができていきます。

お財布用の布団やベッドもあるので、そうしたものを使って楽しみながら結界を強化するのもいいと思います。

私は、満月の夜にお財布を月光浴させてエネルギーを復活させています。

そのときに汚れをキレイにふいたり、いらないものが入っていれば処分したりしています。

浄化力が高いといわれる「月のエネルギー」を使って、お財布を浄化することで、お財布の持つ波動を上げることができ、結界を強めることができるのです。

波動を上げる「お金の取り扱い方」

お札の入れ方にもコツがあります。

普通の向きに入れる人もいれば、逆向きに入れる人もいますよね。

そのままの向きで入れることで、お

金の出入りがスムーズになって金運がアップし、逆さまに入れることで、お金が貯まるようになります。

これも、自分が気持ちよく感じるほうを選ぶのがいいと私は考えています。

ただ、お金を支払う相手に対してキレイに見えるように、すべてのお札の向きだけはそろえておくといいでしょう。

お財布に入れておくお金の額ですが、少ないよりは多めのほうがエネルギーの循環がよくなります。

私は以前、お財布を落としてしまった経験から、あまりお札を入れていない時期がありました。

そのときの私は、ほんの少しのお金を入れて生活していました。

そうすると、しょっちゅう銀行に行って、そのたびにお金をおろすことになっていったのです。

実は、このときのほうがお金を何に使ったかわからず、お金が出ていくスピードも速かったんですね。

銀行にいつも行っている状態で、意味なくお金が減っていました。

お金がなくなる不安によって、お金を減らしていたのです。

そこで、これをやめてみることにしました。

お財布に多くのお札を入れておくようにしたら、ムダなお金を使わなくなり、お財布からお金が減っていかなくなりました。

これ、とっても不思議ですが、本当です。

ふだんお財布に少ししかお金を入れていない方は、自分が多いと感じるお札を入れることを試してみてください。

お札がたくさん入っているお財布のほうがエネルギーの波動は高くなります。

お金を見るたびに豊かな気持ちになるようになり、それがくり返されることでいつの間にか潜在意識に届き、さらに豊かになれるのです。

お財布の中のお金をどう使うかによっても、結界を強められます。

より高いエネルギーを循環させるお金の使い方は、あなたが本当に好きなものを買う、自分を高めること、人の役に立つことにお金を使うことです。

いつも自分が喜ぶお金の使い方をしていると、お財布の波動が上がり、結界が強まることで、ムダな出費がなくなりお金が入るようになるのです。

第5章

人間関係が変わる結界のはり方

5-1 人間関係にこそ結界が必要な理由

あなたの波動は、他人の波動に影響される

私はさまざまなお悩みを持つクライアント様とお会いしているのですが、悩みごとの中でも多いのが、人間関係です。

ほかの悩みと違って、自分だけで解決することが難しく、どうしたらいいのかわからなくなってしまいますよね。

実のところ、人間関係においてこそ結界が必要なのです。

自分が好きな人、気の合う人だけが身近にいる状態。

嫌いな人、苦手な人、自分を攻撃してくる人が近づいてこない状態。

そんな状態なら、ほとんどの人間関係の悩みはなくなり、毎日が楽しくなりますよね。

そうなるために、「人間関係の結界をつくる方法」をお話ししていきましょう。

自分の人間関係を知ることから始める

はじめに、

「自分はどんな人が好きで、どんな人が嫌いなのか」


を知ることです。

人間関係で悩んでいる人は、これが自分でもよくわかっていません。

何かトラブルが起きてから「あの人は嫌い」というイヤな気持ちを持ってしまいます。

自分が嫌いな人がわかっていれば、そうした人を近づけないことができて、人間関係がラクになっていくのです。

今、あなたが悩んでいる人間関係があるなら、

「なぜこの人がイヤなの？」

と、自分に問いかけてみてください。

自分との対話で、なぜ自分が「イヤ」なのかを知ることがとても大切です。


私が苦手なタイプというのは、ネガティブなことばかりを話す人、嫌みを言う人、うまくいかないことを人のせいにする人、人の時間や情報を奪う人などです。

こうした人を私の中では「クレクレ星人」と呼んでいるのですが（笑）、いわゆる自己中心的な人で、自分の話ばかりしていて相手のエネルギーを奪う人ですね。

結界を弱める「やってはいけない人間関係」

これから、「イヤな人のエネルギーを自分の中に入れない結界」をつくる方法をお伝えしていきますが、その前に「いくらこの方法を試しても効果がなくなる行動」を

ご紹介しておきますね。

それは、「誰とでもつきあう」ことです。

「嫌われたくない」という気持ちから、自分の気持ちを押し殺してまで誰とでもつきあっていこうとすると、必ずトラブルを引き寄せます。

あなたにとってイヤな人ともつきあってしまうので、結果的にイヤな思いをすることになり、波動が下がり、ネガティブなことやトラブルなどを引き寄せてしまうのです。

まずは、

「自分がイヤだと感じる人とはつきあわない」

という強い気持ちを持って、それからこのあとご紹介する結界のはり方を試してみてくださいね。

5-2
人間関係の結界をつくる「卵オーラ法」

人間関係の結界でオススメの結界のはり方をお伝えします。

それが**「卵オーラ法」**です。

苦手な人を引き寄せないという効果もありますし、どうしても苦手な人と接する必要があるときにも役立ちます。私も、目の前の人のネガティブなものを受け取りたくないときなどにはこのワークを行って結界をはっています。

その効果は抜群で、相手のネガティブな言葉はただ自分のオーラの卵のまわりを素どおりしていきます。だから、ネガティブな影響を受けることがなくなります。

人ごみのネガティブなエネルギーや邪気から守ってくれますので、朝行うことをオススメします。

人間関係の結界をつくる「卵オーラ法」

①静かに呼吸をし、両方の腕を左右に広げる

②腕を広げた指先で自分の体の周囲に卵形を描くようにイメージしながら、両腕を上下に動かす

③卵の円の中は高い波動で満たされていて、ネガティブなものが入り込めないとイメージする

5-3

イヤな人間関係を断ち切る「人間関係の断捨離ワーク」

次は、**「人間関係の断捨離ワーク」**です。

不思議と気持ちがラクになり、イヤな人間関係を断捨離することができます。

とくに、「なかなか切れない関係の人」がいるときにオススメです。

このワークは、相手が自分に対して執着を持っている場合、つながっているところが太いロープのように感じ、力をこめてイメージしたハサミでないと切れない感覚があります。

しっかりとイメージしたハサミで、ジョキジョキと切ってしまいましょう。

そんなに強いエネルギーではないなら、リボンなどの細いひもを切るようにちょきんと切ってしまえます。

人間関係の断捨離ワーク

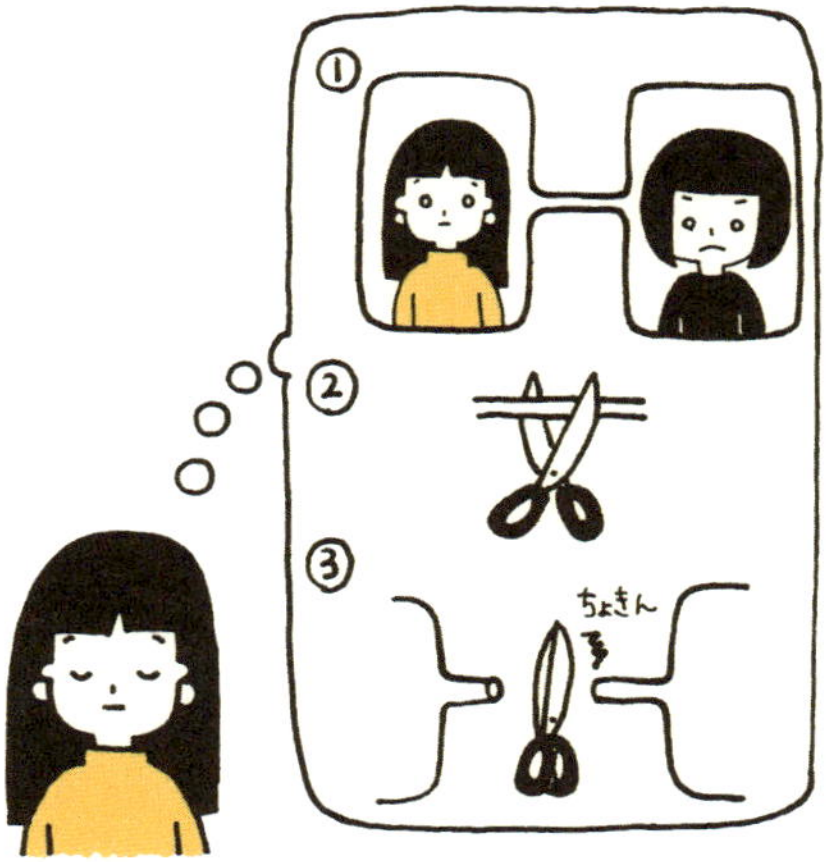

①相手の体のまわりにあるオーラと、自分の体のまわりにあるオーラがつながっているところをイメージする
（例えば、「もうこの人と縁を切りたい！」と思っている人と自分のエネルギーがつながっているイメージができればOK）
②オーラのつながりを「ひも」や「ロープ」のようにイメージする
③イメージのハサミでちょきんと切る

5-4

誰とつきあうかで結界が決まる

人間関係の結界は、実はすでにできている

人間関係における結界のワークをお伝えしましたが、実は人間関係の結界は自然とつくられています。

昔から、「類は友を呼ぶ」といわれているように、宇宙の法則では波動の近い人同士が引き寄せられます。そして、その人たちのまわりには目には見えない結界が存在しているんですね。

あなたが自分と同じような波動の人たちと一緒にいるときには、とても居心地よく感じます。同じ話題で盛り上がれますし、趣味や好みも似ているからです。

けれど、あなたがステージを上げていくと、まわりと波動が合わなくなっていくんですね。

はじめのうちは、「同じ結界内にいることに違和感があるなぁ」というくらいの感じ方です。

そして自分の波動がどんどん高くなっていったとき、まわりの人たちの波動があなたと一緒に上がっていれば、今までどおりにつきあっていけます。

けれど、そうでないときは一緒にいるのも居心地が悪く、苦痛にすら感じるようになってしまいます。

そんなときにしてしまいがちなのが、**無意識にまわりの人たちに合わせて自分の波動を下げてしまうこと**です。

これは絶対にやってはいけません。

これまで得られていた安心感を失うことを怖さとして感じています。しかし、これは成長のチャンスを失ってしまうことですから、とてももったいないことですよね。

あなたがもし、そんな状況になったら、思いきって自分より波動が高い人たちの世界に飛び込んでみてください。

はじめは居心地が悪いかもしれません。

けれどそれは、あなたがレベルアップして波動を上げていくことで解決していきます。**波動が高く居心地が悪い場所は、私たちが成長してステージを上げるチャンス**だからです。

まわりの高い波動の人と同じレベルになったときには、そこがとても居心地よくなるのです。

高い波動が当たり前で居心地が良くなれば、あなたの波動も高いところで安定します。

自分の波動を上げていきたいときには、波動の高い人たちと一緒にいるようにしてください。

あなたが今いる人間関係から出ることを「仲間外れになりたくない」という気持ちで拒んでいたら、**「大丈夫、自分に合った人がまた必ず現れる」と考える**ようにしてみてください。

これは誰もが通る道です。勇気を出して、今の環境から抜け出し、より高い波動の場所を目指してみてください。

5-5

人間関係における引き寄せのルール

人間関係ほど、引き寄せの力は強い

ここで引き寄せのルールを一度まとめておこうと思います。

宇宙の法則では、同じ波動同士が引き寄せられます。

そしてこれは、モノでも人間関係でも同じです。

あなたが自分のエネルギーの波動を上げていれば、波動の高い人たちが引き寄せられ、下がっていれば波動の低い人たちが引き寄せられます。

少し過去の自分のことを思い出してみてください。

いろいろなことがうまくいかないときには、自分のまわりにあまりいい影響を与えてくれる人がいなかったり、出会う人や一緒に行動しなければならない相手がイヤな人だったりしませんでしたか？

逆に、**うまくいくときは、楽しくて、どんどんいい人と知り合って、まわりにはいい刺激を与えてくれる人がたくさんいたのではないでしょうか。**

人間関係の引き寄せの法則は意識することで実感できるので、あなたも自分のまわりの人間関係を意識してみてくださいね。

私たちは、強く意識するものにフォーカスしてしまいます。

例えば、スキーをしているとき、「あの木にぶつかっちゃいけない、いけない」と思えば思うほど、木に向かっていきますよね（笑）。

イヤな人はネガティブな強いエネルギーを持っているので、好きな人よりも意識がフォーカスされます。そうするといつも自分の中がイヤな人に支配されてしまい、楽しくなくなったり、つまらない毎日になったりしてしまうのです。

自分の中が嫌いな人のことで頭も心もいっぱいだったらイヤですよね。

だったら、好きな人、憧れている人、こうなりたいという人のことをいつも考えるようにしたほうがいいのです。

好きな人が引き寄せられるなら大歓迎ですから。

5-6

「嫌われたくない」を捨てる

意識を変えるだけで、人間関係の結界はできる

「嫌われたくないから」といって誰とでもつきあっていると、必ず人間関係のトラブルが引き寄せられます。

誰だって、嫌われることはイヤですよね。私ももちろん同じです。

でも、すべての人に好かれることなんて不可能です。

だったら、自分が好きな人に好かれればいいし、自分のことが嫌いな人とはあえてつきあう必要はない、と決めてしまうほうがいいのです。

そうはいっても、環境によっては難しいこともありますよね。

そんなときには、嫌いな相手のエネルギーをできるだけ自分の中に入れない、影響されないということを意識してください。

先ほどご紹介した「卵オーラ法」や「人間関係の断捨離ワーク」を行って、相手と自分の間に強い結界をつくりましょう。

もしかすると、あなたが結界をつくることによって、相手は何かを感じてあなたを嫌いになり、つきあいたくないと思うかもしれません。

そのときは、**相手が離れていくことをそのまま受け入れるだけで大丈夫**です。

そうした状況になったとき、良い人ほど相手のことが心配になり、ご機嫌を取ったりしてしまいますが、その必要はないんですね。

あなたとは波動が違うために同じ結界内にいられないその人には、その人にぴったりの波動の人たちが集まってきます。その人にとってはそこにいるほうが幸せなのです。

5-7 勝手に苦手な人がいなくなる人間関係の結界

「トラブルはすべて自分の問題」と考えると解決する

まず知っておいてほしいことがあります。

それは、**「人は基本的に変化を嫌う」**ということ。

苦手な人がいるこの場所がイヤだと感じていながらも、自分自身は変化を望んでいませんから、その場所にいたいと思いがちです。

「人は変化を嫌う」ことを知った上で、人間関係のトラブルを解決したいときに身につけてほしい考え方をご紹介します。

それは、何かトラブルが起きたときの原因を、

「トラブルはすべて自分の問題」

ととらえてほしいのです。

「問題を誰かのせい」

としていても、何も問題は解決しません。

誰かのせいにしている間は、問題は解決せずにずっとその問題は続きます。

そして「誰かのせい」を解決するためには、相手を変えるしかなくなります。しかし、私の長年の経験からすると、相手を変えて問題を解決することは残念ながらありません。

そもそも、相手を変えることほど難じいことはありません。

けれど、自分なら変えられます。

だからこそ、「問題はすべて自分の中にある」と考えることが大切なのです。

それを受け入れた途端に、問題は早く解決していきます。

相手が変わってしまったり、イヤな人が離れていったり、すごく悩んでいたことがまったく気にならなくなっていきます。

自分の中の問題を見て受け入れることで、現実が変化していくのです。

自分の問題として受け入れるのは怖いかもしれませんし、苦しいかもしれません。

でもそれは、私を「責めること」ではありません。

ただ、その問題を見て受け入れることです。

これをするだけで、人間関係の問題がどんどん変化していきます。

5-8 あなたの結界に好きな人が入ってきやすくなる方法

潜在意識は主語（誰が）がわからない

結界というとどうしても、「防御する」「排除する」ためのものというイメージがあるかもしれません。

しかし、私の考える結界は、ポジティブなもの、望むものは結界内に引き寄せることができるというものです。

女性がとくに気になる「恋愛」のお話からしていきましょう。

あなたが「ステキな恋人が欲しい」と願っているなら、あなたが望むような男性と同じ波動の人になることがポイントです。

何より大切なのは、幸せな恋愛や結婚をしている人たちといつもつきあうようにすることです。

あなたは、ステキな恋人ができた友だちや、幸せな結婚をした友だちを、心から祝福してあげていますか？

潜在意識は「主語（誰が）」がわかりません。

ですから、あなたが心から、

「（ステキな恋人ができて）（幸せな結婚ができて）よかったね！　おめでとう！」

と喜ぶことで、**潜在意識は、**

「（自分に）ステキな恋人ができてよかった！」

「（自分に）幸せな結婚ができてよかった！」

ととらえ、それと同じものを引き寄せます。

恋人ができたり、結婚したりした友人とはつきあわなくなってしまう。

自分と同じようにまだ恋人のできない友人とばかりつきあっている。

そうすると、ますます彼や彼女ができないエネルギーが高まり、「恋人ができない私」をつくり上げていくのです。


ステキな恋人のいる友だち、幸せな結婚をした友だちを心から喜び、ドンドンつきあっていきましょう。そういう人と同じ波動でいることが、ステキな恋人や幸せな結婚を引き寄せるんですね。

実際、ステキな恋人やダンナ様を持つ友だちのいる結界の内側には、同じようにステキな男性が存在しています。あるとき出会ったり、紹介してもらえたりするチャンスもとても多いのです。


ここでは、男性が近づきやすいようにする意味でも結界は不要です。

「スキ」を見せるくらいがちょうどいいのです。ステキな恋愛を望んでいる女性にとっては「笑顔」がいちばんいい「スキ」になります。

相手が話しかけやすいように、いつも「笑顔」を絶やさないようにしましょう。

なりたい人を引き寄せる方法

次に、憧れている人やなりたい人を引き寄せる方法をお伝えしますね。

まずは憧れている人や、あなたが「こうなりたい！」と思っている人に会いに行くことから始めましょう。

その人に会うことのできるチャンスを探してみてください。セミナーやコンサートといったものでも、同じ空間にいることでじゅうぶんに、その人の波動を感じることができます。

あなたがその人に憧れている今は、たとえ出会うことができても波動が合わず、違和感があります。その違和感って、大切なんですね。

「あの人のようになりたい」という気持ちは、あなたの波動を上げていきます。いつかふと気づくと、そうした人と会ったときにも違和感がなくなっていきます。

5-9

なりたい自分になるための人間関係の結界

「なりたい自分」にもうなってみる

なりたい自分になるには、「なりたい自分のフリ」から始めてみましょう。

「お金が入ってから……」

「時間ができてから……」

「できるようになってから……」

ではなくて、最初は演技でいいので、そのようにふるまってみることです。

優しい人になりたければ、優しい自分になったようにふるまってみればいいですし、できる人になりたかったら、できる人のように演じることから始めてみましょう。

すると、波動が変わり始めます。

はじめはどこか居心地が悪くても、その結界の内側にいることで自分の波動がドンドン上がって、気がついたら「なりたい自分」になっているというわけです。

高い波動の「人間関係の結界」には特徴があります。

それは、**「争わない、勝ち負けで判断しない」**ということです。

例えば、高い波動の人たちの結界の中では意外なほど肩書や数字におどらされず、自分が人として相手を見たときどう感じるかでおつきあいをしています。

肩書ではなく、人として見ていくことが大切だとわかっている人たちなので、あなたが「なりたい自分になろう」として波動を上げているなら喜んで迎え入れてくれるはずです。

「なりたい自分のフリ」から始めてみると人間関係が変化していきますよ。

第6章

いいことだけを引き寄せるコツ

6-1 理想のライフスタイルを書き出す

目的地がわからなければ、たどりつけない

最後にこの章では、私がいつも行っている、「いいことだけを引き寄せる方法」を具体的にお伝えしますね。

これは、「自分の望みに対して自分が制限をしてしまう」という心のブロックを外すためにも役立つワークです。

「理想の自分を書いてください」と言われたら、あなたはすぐに書けますか？

私のセミナーに来てくださる方にも、「自分が思った以上に自分の理想がわからない」という方が多いのです。

「理想の自分を書いてください」と言われてはじめて、今まで「理想の自分」について考えてこなかったことに気づかれるんですね。

自分がどんな人になりたいのかがわかっていなければ、どこに向かっていいかわからなくなってしまいます。

車のナビゲーションシステムが、目的地を設定しなければ目的地を案内することができないのと同じです。

時間をつくり、理想の自分を思い浮かべて、書き出してみてください。

さて、それが書けたら次のことを考えてみてください。

「『理想の自分』は、本当にあなたが心から望んでいる自分だろうか？」

実は、多くの人はここで心のブロックが働いてしまいます。

今の自分にできる中での「理想の自分」を選んでしまうんですね。

理想の自分を書くときは、今のあなたが「できる・できない」関係なしで考えてください。

そしてもうひとつあるのが、「ほかの人がやっていたから」や「ほかの人がうらやむ理想像」を書いている場合があります。

だからこそ「心から望んでいるのか」が大切なのです。

自由に書いていいので、楽しみながら、たくさん書いてみてください。

そうやって「本当の理想の自分」をワクワクしながらイメージできるようになると、どんどん願いが叶って理想の自分に近づいていけるようになります。

6-2 自分が手にしている豊かさを数える

感謝は最高の波動

理想の自分を書くことができたら、次に今、自分がすでに持っている豊かさを見つけて書き出してください。

この本を読んでいるところから何が見えますか？
自分の部屋にいるなら、お気に入りのモノが目に飛び込んでくるでしょうか？
自分が好きな服を着ている、お気に入りのバッグを持っている……など、自分が今手にしているたくさんの豊かさが目に入るかもしれません。

こうして自分が今手にしている豊かさを数えていくと、自然とそのことに感謝するようになるのです。

ムリにポジティブになろうとしなくても、今、自分が豊かで満たされていることに気づくことができれば、カンタンに豊かな状態を引き寄せることができます。

感謝は最高の波動のひとつです。

今あるものに感謝することで、さらにいいものを引き寄せることにつながります。

ぜひ、今あなたがすでに手に入れてる豊かさを書いてみてください。

6-3

とにかく行動する

思いきって自分の「やりたい」を優先すると人生が変わる

今まではしなかったようなことをすることで、あなたの引き寄せを邪魔する心のブロックが外れていきます。

心のブロックには、小さい頃からの深い傷や、いくつもの問題がからまっているような難しいブロックもありますが、中には軽いブロックもあります。

軽いブロックは、行動することでカンタンに外れることが多いのです。

例えば、

「自分は主婦なのだから、ちゃんと食事をつくらなくてはいけない」

という思い込みのブロックがある女性がいました。

そのため、体や心がつらく、どれだけ苦しいときでも、ちゃんとやらなきゃと家族の食事を用意していたそうです。そんな彼女があるとき思いきって、

「ごめんね、今日はごはんをつくれないから外食しよう」

と家族に言ってみたところ、誰も彼女を責めることなく、むしろ家族も喜んだという話があります。

その女性は、「絶対に食事を準備しなくてはいけない」という思い込みのブロックが外れることで、気持ちが軽くなり、やりたいことを精力的にできるようになったのです。

そうするとやりたいことにエネルギーを集中できるようになって、どんどん夢が叶うようになっていきました。

自分が苦しんでいること、イヤイヤながらしていることは、自分の「思い込みのブ

ロック」のせいでそう感じているだけだということです。

「周囲の人に迷惑をかけるかもしれない」
「こんなことをしたら自分勝手だと思われ、嫌われるかもしれない」

あなたもこんなふうに「やりたくないのにイヤイヤしていること」はありませんか?

そういうときは、思いきって迷惑をかけてみてください。
嫌われてもいいから、自分が好きなこと、やりたいことを優先してやってみるのです。

実際に行動してみると、「意外と大丈夫だった」ということは多いんですね。
そしてその経験があなたのブロックを外してくれるので、エネルギーの流れがよくなっていき、ますます自分がやりたいことに集中できるようになっていきます。

6-4

私を信じる、私を好きになる

宇宙からのオーダーを受け入れるコツ

本当の願いを引き寄せたいときにとても大事なのは、「私を信じる」ということです。

そして、自分を大切にしながら、「私を好きになる」ことなのです。

私が嫌いと思っていたり、私はダメだと思っていたりすると、本当の願いを引き寄せることはできません。

それは願いを叶えることとさえ否定しているからなのです。

ですからまずは、**自分を24時間ほめる方法を活用しながら「私」を今まで以上に大**

切にしてあげることです。

自分を好きになると、自分を信じられるようになり、宇宙からのメッセージを受け入れやすくなります。すると、人生がスムーズになっていきます。

究極の引き寄せの結界

そして、私がいつもやっている究極の結界法があります。

これは「私を信じること、私を好きになること」を大切にしながら、私がやっているいいことだけを引き寄せている方法です。

すべてのものにエネルギーがあるということを、お伝えしてきました。

私は、自分に関わるすべてのエネルギーに感謝するということを実践しています。

例えば、お家って誰も住まなくなると、何もしなくてもボロボロになっていきますよね。

これを知ったとき、家って生きているのだなと感じたのを覚えています。

車に乗っているときに、「もうこの車からほかの車に乗り換えようかな」と話すと、不思議と車が故障したりします。

つまり、すべてのエネルギーは生きているということを感じ、すべてのものは言葉のエネルギーさえ、感じているということです。

私がすることは、あらゆるモノに触れながら「ありがとう」と感謝をすることです。

家の壁に手を当てて、「ありがとう」と感謝しながら、手に意識をして、家の壁、家全体のエネルギーを感じます。

そうすると不思議ですが、家全体に元気が出てきて、エネルギーが高くなります。エネルギーが高くなりますから、家族も元気が出て、いいことが起こり始めます。

私は飛行機が苦手です（笑）。苦手だからこそ、飛行機に乗ったときに必ず行うようにしています。

飛行機の壁、イスに手を当てて、「いつもありがとう」と感謝を伝え、手を意識して、飛行機のエネルギーを感じていきます。

こうすることで、私の不安がなくなり、安心して飛行機に乗ることができます。

これは、お財布にも行うことで、お財布のエネルギーが活性化されて、お金を増やしてくれます。

ホテルに泊まったら、ホテルの部屋にも必ず行うことで、またステキなホテルに泊まることができます。

私がいつもやっていることなので、当たり前になっていましたが、一つひとつに感謝することで究極の結界をはり、いいことをたくさん引き寄せることができます。

これをやったあとは、気持ちもスッキリし、幸せなエネルギーに満たされますよ。とても大好きな方法ですので、ぜひやってみてくださいね！

6-5 結界に縛られすぎない

迷ったら、いつも自分の「心地いい」を選ぶ

「結界に縛られすぎない」というと、これまでお伝えしたことと矛盾しているように思われるかもしれません。

私が言いたいのは、「これがないとできない」「こうしないといけない」というように決めつけないということです。

「結界をはり忘れたからうまくいかない」という気持ちでいては、本来うまくいくこ

とさえうまくいかなくなってしまうんですね。

ほかのどんなことよりも、あなたの意思のパワーのほうが強いのです。もっと自分自身の意思のパワーを信じてあげてください。

結界をはることで「これで大丈夫」と強く思えるようになるあなたのその心の持ち方が「大丈夫」な状態、つまり願いが叶った状態を引き寄せるのです。

どうしても忙しい日が続いてお部屋の掃除ができなかったとしても、「これでは結界がこわれてしまって、邪悪なものばかり引き寄せてしまう」なんて考える必要はありません。

結界をつくれなかったということで、罪悪感を持たなくてもいいのです。

「疲れちゃったから、今日は休むことにしよう」

と自分を許してあげましょう。

「ゴミだけは捨てておこう」
「トイレだけは掃除しよう」

と、できることだけをするのもいいですね。そして、

「次のお休みにはスッキリと片づけて掃除しよう！」

と決めればもう大丈夫です。

そしていつも、自分が心地いいほうを選ぶことがポイントです。

この本でお伝えした結界のはり方はいろいろありますが、あなたが「好き」「楽しい」「ワクワクする」と思うものを実行してください。

あなたが楽しいと思いながら結界をはることが、イヤなことを引き寄せずに望むものだけを引き寄せることにつながりますからね。

【著者プロフィール】
碇のりこ　Noriko Ikari

スピリチュアルセラピスト・心のブロック専門家
ビジネスコンサルタント・事業家
合同会社リッチマインド代表／株式会社 Instyle 取締役

1969 年 12 月北海道生まれ、東京育ち、神奈川県在住。
17 歳の時にアイドルグループでデビュー。
短大卒業後、数々の職種の OL や職業に就いた後、1998 年マーケティング業界で起業。

２万人以上をマネージメントした実績を残す。

物心ついた時からスピリチュアルが身近にあったことがきっかけで、潜在意識に気づきはじめ人生が激変。

2012 年にスピリチュアルに活動の軸を移し、10 月からブログを開始するとすぐに話題になる。スピリチュアル講座をはじめて５年でブログ読者 14000 人を超え、アクセス月 110 万 PV の人気ブロガーになる。

現在は講座は満席。セミナー、講演回数は 5000 回以上。

著書に『「こころのブロック」解放のすべて』（Clover 出版）がある。

受講生には、「見た目よりもサバサバしていて親近感がある」と言われる姉御肌気質。

趣味は、家族と開運旅行。

ブログ「お金と愛を手に入れる５つのリッチマインド」
https://ameblo.jp/noriko-happy-life/

無料ニュースレター「願いを叶える！運を上げる！ための実践するニュースレター８日間講座」
https://88auto.biz/noriko-life/registp.php?pid=1

いいことだけを引き寄せる結界のはり方

2018 年 3 月 3 日　　初版発行
2018 年 3 月20日　　３刷発行

著　者　碇のりこ
発行者　太田　宏
発行所　フォレスト出版株式会社
〒 162-0824 東京都新宿区揚場町 2-18　白宝ビル 5F
電話　03 - 5229 - 5750（営業）
　　　03 - 5229 - 5757（編集）
URL　http://www.forestpub.co.jp

印刷・製本　日経印刷株式会社

ISBN978-4-89451-784-4　Printed in Japan

読者限定 無料プレゼント

本書をご購入いただき、ありがとうございます。
最後まで読んでいただいた皆様に、下記特典をプレゼント致します。

お金と人間関係のエネルギーの秘密

（音声ファイル）

人気スピリチュアルセラピストである著者が
お金と人間関係のエネルギーの秘密について
音声で教えてくれます。
下記URLからダウンロードしてみてください。

**この無料プレゼントを入手する方は、
こちらにアクセスください。**

http://frstp.jp/barrier

※音声ファイルはWeb上で公開するものであり、CD・DVDなどをお送りするものではありません。
※上記プレゼントのご提供は予告なく終了となる場合がございます。あらかじめご了承ください。